AF193266

Huracán

Huracán

Rocío Espinel Martínez

Círculo Rojo
EDITORIAL

Primera edición: Febrero 2024

Depósito legal: AL 118-2024

ISBN: 978-84-1061-479-6

Impresión y encuadernación: Editorial Círculo Rojo

© Del texto: Rocío Espinel Martínez
© Maquetación y diseño: Equipo de Editorial Círculo Rojo
Editorial Círculo Rojo

www.editorialcirculorojo.com
info@editorialcirculorojo.com

Impreso en España — Printed in Spain

Simplemente era una niña que tenía 14 años, aproximadamente.
En esa edad tan temprana, ya empecé a rendirme.
Pedía ayuda; en realidad, la gritaba,
pero lo único que yo no sabía
era que no se escuchaba.
Entonces, en el camino fácil me adentré y la vida mía solté.
Un susto que dejó cicatrices, pero lo superé.
Fue cuando entonces ella llegó:
aquí os presento a mi mejor amiga,
llamada ansiedad.
Ella nunca me abandonó
y aunque un día casi me hundió,
con veinticuatro años la sigo llevando
más o menos fácil,
pero ya no la juzgo tanto.
Amigos, familia, ahí están,
y aunque con cicatrices de la vida,
he podido avanzar.
Algunos lo llaman fortaleza y otros lo llaman vitalidad.
Llámalo como quieras mientras puedas escapar.
Gracias al lápiz y papel, supe remediar
ese dolor que ya no podía calmar.

¿Estás en ese punto de la vida donde todo se ha nublado?
Déjame decirte que yo me sentía igual.
No sabía ni cómo avanzar.
Las palabras «todo pasará»
las empecé a odiar,
y sí, el tiempo me ha demostrado que todo duele menos,
pero también tengo claro que si tú no quieres sanar,
va a ser imposible esa niebla quitar.
Pedir ayuda no está nada mal:
te ayuda a sanar lo que un día miedo llegó a dar.

1
Extraño

Comienzo intentando sonreír.
Va pasando el tiempo y la cabeza deja de darme *chance*.
Empieza todo a darme vueltas
y no es que esté mareada,
es que estoy agobiada.
Empiezo a recordar cada cosa por la que intento cada día no
llorar
y el día se empieza a doblar.
¿Cómo es eso de estar rodeado de amigos y risas y no estar feliz?
Quiero decir, me estoy riendo,
pero mi corazón está llorando.
Pues así me siento la mayor parte del tiempo.

2

«Cambié tantas veces
que cada vez que me veía un ángel
ya no se sorprendía».

3
Plasmado

Tengo la cabeza realmente en blanco.
Ha llegado el momento en el que no sé ni en qué pensar.
Todo me va bien:
tengo trabajo, a mi familia a mi lado, salud.
Lo tengo todo;
todo lo importante, claro,
pero dentro de mí hay algo que falta.
¿El qué? No lo sé,
pero me duele cada momento.
Me pongo música triste de fondo
y empiezo a escribir.
Las palabras vuelan
por sí solas.
No tengo ni que pensar en lo que voy a plasmar
porque todo lo que siento
está escrito aquí.

4

«Abuela, quiero volver a brillar».

5
¿Cómo volver?

¿Cómo volver al pasado?
Quiero decir,
me duelen las despedidas
y te echo de menos.
Tengo miedo de no verte más
porque me despedí de ti sin quererlo.
Me obligaron,
y eso me hundió.
¿Cómo volver al pasado?
Nunca había pensado en decir eso
porque el pasado es pisado,
pero quiero volver
para, aunque sea,
darte el último abrazo.

6

«¿Y sabes cómo duele más? Cuando lloras escribiendo».

7
Comienzos

Es querer empezar a vivir.
No quiero estancarme y pensar que ya vendrá.
Quiero luchar por el futuro que siempre quise
y encontrar un lugar seguro donde todo sea más fácil.
Me tiro de cabeza sin dudar
y encuentro, a lo mejor, un sitio donde estar.
La gente siempre me decía que las cosas me las tenía que pensar,
pero estoy harta de tener que planear.
Sí, me lancé al abismo.
Haremos como que toda irá bien
y estoy segura de que un buen comienzo tendré.

8

«Se acerca Navidad y mis ojos llorosos quitan una silla de la mesa».

9
Amigos

Amigos no son los que van contigo a tomar una cerveza.
Amigos no son los que te acompañan a comprar ropa.
Amigos no son los que te dicen solo las cosas buenas.
Amigos son los que te agarran de la mano;
los que, cuando estás cayendo, te levantan;
los que te acompañan a tomarte la cerveza, pero mientras les
cuentas que tuviste un día de mierda.
Amigos son los que te apoyan en todas las decisiones, aun
sabiendo que la puedes cagar.
Amistad
es solo una palabra,
siete letras
y un sentimiento.
Amigos,
yo los cuento con los dedos de una mano
y, si me apuras, casi ni lo hago.
Tengo a los más preciados y siempre los cuidaré allá donde me
encuentre.

10

«los ojos, como el café intensos y llenos de volver a querer».

11
Ímpetu

Ella era una niña con un ímpetu increíble.
Tenía tantas ganas de comerse el mundo, tan intensas que casi
no la dejaban vivir.
Ella era esa niña, destacaba en todo su esplendor.
Te sonreía y opacaba el sol.
Y sí, hablo de ella en pasado
y no veas la pena que me da,
pero, con el paso de los años,
ella dejó de sonreír,
dejó de vivir.
Ya no quería comerse el mundo.
Ahora el mundo se la comía a ella.
Dormía, dormía y dormía,
no hacía otra cosa
porque la depresión
se la llevó
a esa niña risueña,
a esa niña con ese ímpetu admirable
y sanamente envidiable.

12

«Soñé tanto el día que quise que dejé de soñar y empecé mi propia realidad».

13
Aquí estoy

Y aquí estoy de nuevo,
encerrada en un sinfín de preguntas
de si lo estoy haciendo bien o no,
de si estoy o no en lo correcto.
Miro hacia el cielo
y pido algo de ayuda.
Te pregunto, mi ángel,
si algún día estaré más tranquila.
Es difícil vivir entre miedos y angustias
porque mi cabeza quiere salir,
pero mi corazón no sabe cómo seguir.
Qué difícil la vida de adulto
y qué tontos de niños exigiendo querer vivirla.
Aquí estoy,
de nuevo,
en otros llantos,
creciendo los miedos.

14

«*Sonríe, niña, vuelve a sonreír*».

15 -
¿Te cuento una historia?

Yo era una niña
bastante simple y con pocas metas en la vida.
Fui creciendo y me fui dando cuenta
de que tenía que avanzar.
¿Cómo?
Construyendo mi futuro.
Fui viendo cosas que me gustaban,
trabajos que me llenaban.
Los probaba,
pero ninguno me terminaba de completar.
Entonces, el día que peor estaba, empecé a escribir;
ahí me di cuenta de que todo lo que hacía antes no era lo que
quería.
Escribir me llenaba y me vaciaba,
me llenaba de historias y me vaciaba el dolor.
En cada palabra guardaba un secreto
y, a partir de ahí,
supe que mi lugar seguro era un bolígrafo y un cuaderno.

16

«Me deseaba casar, ahora solo deseo poder volverme a enamorar».

17

Depresión

La depresión no se ve siempre.
La depresión no son ojeras,
falta de sueño
y falta de apetito.
La depresión es salir con tus amigos y reír a carcajadas
y, al llegar a casa, caer.
La depresión es
levantarte a las tres de la mañana con dolor de cabeza
La depresión es querer salir por no estar solo.
La depresión se refleja en los ojos
y no en unas ojeras que pueden ser llenas de horas de trabajo,
sino en una sonrisa matutina e iluminadora-
Y es que
esas son las depresiones silenciosas,
las depresiones que más duelen.
Pide ayuda.

18

«Eres indomable».

19
Aquella niña

Aquella niña solo esperaba que la salvaran;
que la salvaran de toda la crueldad que había tenido que vivir
porque toda su vida sufrió
y esperaba que alguien llegara para acurrucarla en los brazos y
que nadie le hiciera daño,
pero… todo fue completamente al revés.
Empezó a salvar ella
repartiendo cachos de su corazón para salvar otros.
Entonces,
cayó
profundamente
en el hoyo del que sabría que jamás saldría.
Al final,
nadie la salvó a ella
y se hundió
como un día
prometió no hundirse.

20

«Un corazón roto habla por sí solo».

21

Rompecabezas

Llegó un momento de mi vida donde todo era una película,
pero no una película de fantasía o de amor,
una película de terror o de tristeza,
qué va. Estoy bien con lo de alrededor,
pero no sé si conoces ese efecto que, cuando algo pasa,
todo viene junto
y qué mala fama para mí
porque ahora no me quedan casi ganas de seguir.
La ansiedad se apoderó de mi cabeza
y no hay día que no pase intentando montar el rompecabezas.
Me duele,
me urge salir.
¿Veo el vaso medio vacío?
¿O son solo mis ganas de huir?

22

«Cactus y globo». «Qué hermoso dolor».

23

90 %

El 10 % de mi 100 % es lo que me queda.

—Hola,

¿cómo estás?

—Bien, ¿y tú?

Qué típico, ¿no?

Bien (ESTOY FATAL Y NO ME QUEDAN FUERZAS).

Pero que fácil es engañar y engañarnos.

Mientras todo esté bien, nadie preguntará y no nos tendremos

que echar a llorar.

El mundo está bocarriba, pero nadie lo sabe.

El mundo se está esfumando, pero nadie se da cuenta.

¿Y qué hago?

Quiero hablar, desahogarme,

pero miro mi lista de contactos y con nadie me sale.

Una vez, a una persona importante le intenté contar y me dejó

de escuchar

Mi almohada por lo menos no se va.

100 % de vida, 9 % de esperanzas, 1 % de ganas.

¿Cómo haré para superarlo?

No lo sé, pero siempre lo he superado,

con más marcas que antes,

pero en el mismo lugar avanzando.

24

«Esperanza...».

25

Empecé a dudar

Empecé a dudar de mí.
Empecé a dudar de mí cuando me miraba en el espejo y ya no me veía.
Empecé a dudar de mí cuando yo misma me causaba ansiedad.
Empecé a dudar de mí cuando mis manos temblaban y alrededor nadie había.
Empecé a dudar de mí cuando la ansiedad de mí vivía.
Empecé a dudar de mí.
No, no dudaba de mí,
Dudaba de mi vida.
¿En qué momento caí?
Ansiedad,
mareo
vómitos,
dormir todo el día
o tener insomnio.
Depresión.
¿Y yo?
Detrás de todo eso
quedaba ese brillo,
el cual estaban protegiendo tres estrellas en el cielo,
Pero…
¿cómo dejo de dudar de mí?
Necesito más brillo
para poder alumbrar el túnel que yo misma realicé el camino.

26

«1999. Nació una luz».

27

Ya no confío en ti

Me lancé al amor sin pensar en condición.
Te conocí y me envolví en tu calor.
No dudé sobre nada de lo que podría venir
y me lancé a ti como una boba.
Me enganché y me encerré.
Te creí todo,
te admiraba en todo,
pero poco a poco
fuiste decepcionando cada átomo de tu existencia
fallándome,
mintiéndome,
engañándome
con todas sus letras.
No sabes las de veces que he intentado perdonarte.
No sabes las de veces que he intentado confiar en ti de nuevo.
Aun viendo que sí, que empezaste a cambiar,
empecé a vivir contigo,
a juntarme con tu familia
y todo era increíble y «saludable»,
Pero cuando volvíamos a casa,
volvía a la realidad,
a la soledad que me hacía pensar
si en realidad
me querías de verdad
o era otro de tus juegos
por no decir la verdad.
En fin,
te quiero, pero necesito quererme más a mí.

28

«la carretera de los sueños imposibles».

29
Soñar

¿Os ha pasado estar durmiendo y tener un sueño del que no
quieres despertar?
Me ha pasado esta noche.
Hace muchos años atrás, yo vivía en una casa
bastante humilde, la verdad,
pero vivía feliz con mi madre, mi hermana y mi perro.
No teníamos mucho, para qué mentir,
pero teníamos lo más importante, que era nuestro cariño.
Un día muy duro nos tuvimos que ir y, sin mirar atrás, dejar
todo ahí.
Pues volví a ver esa casa en mi sueño. Todo era como antes y
joder, qué recuerdos.
No volvía a vivir ahí,
pero sí la veía desde dentro
y esa felicidad que un día tuve en esas cuatro paredes
me inundó de recuerdos.

30

«Era mi día más nublado y, aun así, bailaba bajo la lluvia».

Me duele

Me duele.
Me duele pensar que nada es igual.
Es que no sé en qué momento de mi vida perdí mi sonrisa,
mi alegría,
mi todo.
No sé en qué momento se torció.
Quiero decir
«Te amo»,
pero todo me duele contigo.
Soy feliz,
pero en momentos puntuales.
Ya no sé si es
costumbre,
miedo
o amor.
Solo sé que no puedo olvidar lo que me dolió,
esos fallos que tanto me costaron superar,
esas puñaladas que nunca me llegué a esperar;
y es que a veces siento que me vuelves a engañar.
Estoy en una etapa de mi vida
que no sé si volver a confiar.

32

«La mariposa que un día voló hoy no sabe cómo alzar las alas».

33
Cambios

¿Cambios de humor?
Creo que no es la correcta manera de llamarlo.
Diría:
días nublados,
y… sí, recordemos que mi vida siempre fue un huracán,
pero mucha gente me pregunta si soy bipolar.
A veces, lo dudo
y pienso que puede ser verdad,
pero luego recuerdo
que con mi corazón jugaron ya.
Entonces,
cada vez que algo me dolía,
más bucle en mi vida tenía.
Cuando lloraba, no sabía cómo reaccionar.
Cuando reía, no sabía cómo iluminar.
Cuando me dolía, no sabía cómo gritar.
Entonces, llegó un punto
en el que todo se mezcló
y cada vez era más difícil
sacar todo sin dolor.

34

«23-23-23».

35
Espero que te vaya bien

Y sí, claro que te echo de menos,
pero no voy a preguntar por ti.
Fuiste lo que más quise en su momento
y aún te llevo dentro, dentro de mi corazón,
de ese sitio que se quedó tan frío con tu adiós,
pero no puedo preguntar por ti.
Se me irían de nuevo los recuerdos
y lágrimas vendrían en mil.
Desde el inicio hasta el fin
viendo tu rostro y aún sabiéndote amar.
Espero que, allá donde estés,
todo te vaya genial
porque no hay nada que más quiera en esta vida
que tu felicidad.

36

«Dicen que el dolor solo ahuyenta, pero a mí me aumenta mis letras».

37
Otra vez

Otra vez me fui a la cama con los ojos llenos de lágrimas.
Otra vez me fui con el corazón vacío.
Otra vez volví a no querer comer,
a querer dormir todo el día para que me deje de doler,
y nadie se daba cuenta,
pero cómo duele estar así.
Otra vez llorando sola
o en la ducha para que nadie me logre oír.
Cómo duele ese vacío en el pecho
que, por mucho que pase el tiempo,
ya no sabes cómo rellenar.
Cómo duele
no estar bien
estando tan mal.

38

«Solo estaba gritando ayuda... muda».

39
No estoy hecha para ti

No estoy hecha para ti
y cómo me jode admitirlo
porque, por un tiempo,
pensé que éramos la combinación perfecta,
pero
no estoy hecha para ti
o tú para mí.
Nos separamos
y cogimos diferentes caminos,
y tan diferentes.
Empezaste a ser quien no eras conmigo.
No sé si
finges,
fingías
o, simplemente, es el destino,
pero qué diferente eras conmigo.
En fin,
no eras para mí
ni yo para ti.
Qué jodidos son los días
desde que me di cuenta
que no me querías.

40

«Sentarme en el borde de la cama y reflexionar».

41
No volver a fallar

No se trata de historias pasajeras.
No se trata de historias en vano.
No se trata de historias que quedaron atrás.
Se trata de recuerdos,
de momentos,
de experiencias,
de lo que hiciste y no volverás a hacer
porque ya pudiste aprender
que los errores tienen historias que enseñar,
que, si ya no está, es que no era para ti.
¿Hay que llorar?
Se llora.
¿Hay que reír?
Se ríe.
¿Por qué?
Porque todo te va a enseñar, para un futuro,
no volver a fallar en lo mismo.

42

«Abrazaba la soledad cuando derrumbaban mis poesías».

43

Dormir

Por más que quisiera dormir, me sacaba de la realidad o te soñaba.
Recurrí a esas pastillas el día que no podía más
y… me vicié.
Pero no me vicié a las pastillas.
Me vicié a estar dormida,
a no sentir
o a estar en un sueño y no en una pesadilla,
y ahora, por más que quiera salir,
el túnel que he cavado día tras día se ha apoderado de mí.

44

«Presión en el pecho; devolvedme el aire, por favor».

45
Un día

Y un día me pensarás,
mirarás a tu alrededor y verás que no estoy más.
Mirarás al teléfono y ya no verás un mensaje mío
ni una llamada
ni una historia…
Y entonces te darás cuenta
de que es cuando más me echas de menos,
pero no solo a mí,
sino también a mi sonrisa,
a mi risa de idiota cuando algo me hace gracia,
a mi lealtad,
a mi dedicación,
a mis ganas de vivir la vida.
Pero
ya no estaré ahí
porque tú me dejaste ir.
Cuando yo estaba pendiente de ti, empezaste a soltarme
y, a día de hoy,
mi vida es diferente.
Tú me buscas
y yo dejé de insistir.

46

«Sufrí, pero también me enamoré».

47
Creer que dolía

Creía que no era nadie sin ti
y sí, no soy nadie sin ti,
pero no soy esa «nadie» que idealicé para ti.
No soy aquella niña dependiente,
no soy aquella niña con miedo,
no soy aquella niña celosa por tus errores pasados,
no soy aquella niña ausente,
no soy aquella niña que miraba el móvil cada dos por tres
esperando una llamada,
no soy aquella niña que, si la dejabas, se le caía el mundo.
Exacto:
esa niña murió
el día que se decepcionó tanto que ni una gota de amor quedó.
Solo quedaron tristeza y dolor
y aquí renace la nueva yo,
la que no depende,
la que no muere,
la que sigue
y escala para seguir subiendo.
Te quiero,
pero más me quiero a mí.

48

«los sueños dicen ser imposibles, pero para mí imposible es no soñar».

49
Echar de menos

¿Qué se hace cuando se echa de menos?
El dolor en el corazón es como una puñalada.
No sé cómo sacar el hacha que me clavó.
El día que echo de menos todo lo que tenía contigo, muere una
parte más de mí
y ya no sé qué más reparar,
pero cuanto más reparo,
más duele.
Las grietas yacen en mí
y no sé cómo seguir.

50

«Condena no es estar encerrado, condena es no poder liberarte de tus miedos».

51

Presión

Un día más,
me despierto y la presión en el pecho me deja temblando.
La respiración brilla por su ausencia
y no te creas que no quiero,
estoy deseando que se vaya ya.
Las ganas de vomitar aparecen de nuevo
y se junta todo lo más difícil.
Tener que salir de la cama.
No puedo respirar.
Mi corazón cada vez se acelera más.
Lo pienso y muero.
Revivo y pienso,
y así constantemente lucha mi cabeza contra la ansiedad.

52

«Necesito descansar».

53
¿Dónde está?

No sé si en algún momento encuentre el amor.
Ni siquiera creo que eso sea para mí.
Las dudas y mentiras me han alejado de todo esto que se llama
«ilusión»
y al final, en realidad, todo esto me lo merezco por confiar.
Y ahora escribo esto con lágrimas en los ojos,
y es que cada vez que un verso escribo, el cielo se pone gris
y ya no sé ni siquiera qué escribir
porque el día que mi cabeza se cansó de seguir,
el corazón perdió el sentido de vivir.
Llámalo lección o llámalo enseñanza.
Yo solo sé que he tocado fondo
y no sé cómo salir.

54

«Un día fui tan feliz que, cuando me quise dar cuenta, ya te habías ido».

55
Ojos tristes

Esos ojos brillantes y radiantes me miran con lujuria.
Esa comisura en tus labios que miran hacia abajo.
«¿Cuál es tu pena?», me preguntaba mientras me miraba al
espejo,
y cuando veía como mis lágrimas se derramaban por mis
mejillas,
ahí lo supe todo.
Aquella niña con tantos miedos,
esa niña pequeña que nunca pudo ser,
esa niña pequeña que rápido tuvo que crecer
me estaba mirando y suplicando
que la dejase descansar,
que ya no podía más,
que no podía ni respirar.
Y es que fue entonces cuando me hice una pregunta:
¿cómo se vive una vida plena si tus ilusiones y esperanzas están
en condena eterna?

56

«Hoy miré la foto donde tu mirada me miraba con mentiras y engaños».

57
Lo que un día dolió

Cada vez duele menos todo lo que un día brilló.
Las despedidas duelen y me dan terror.
Los pensamientos me invaden.
Cuando mi cabeza se nubla,
solo tengo en cuenta que no quiero volver.
La noche cae y todo vuelve.
Los pensamientos negativos y las lágrimas aparecen.

58

«Soledad y ansiedad van agarradas de la mano».

59
Beso eterno

He intentado todo para estar sin ti.
Le hablé a mi mejor amiga de todo el mal que me hiciste,
de todo lo que sufrí desde nuestra despedida.
Me quise convencer a mí misma de que no necesitaba tus
buenos días.
Hablé cara a cara con mi corazón
gritándole que te dejara, que te soltara.
Pasaban los días y te juro que creía que todo iba bien,
que lo estaba superando,
que te estaba olvidando.
Hablaba con gente nueva,
pero para nada eran del mismo tamaño que tú.
No se llenaba ese vacío en el corazón que dejaste aquel día que
te fuiste.
Me tuve que alejar de todo lo que me hacía feliz,
que, en realidad,
me hacía mal,
y te juro que sigo intentando que llegue el día en que pensar en
ti ya no duela,
pero a día de hoy me sigue matando
y seguiré hablando con el tiempo,
a ver si una vez más me para el reloj y pueda darte nuestro beso
eterno.

60

«El bloqueo mental de ya no saber qué sentir».

61
Sabiduría

El dolor reluce en su misericordia.
Cuando lloro, las lágrimas brotan
sobre mi mejilla y mi corazón.
El dolor de un peso muerto
es menor que cuando te dije adiós.
Y explícale tú ahora a mi cabeza
qué es lo que pasó.
No entiendo algunos motivos
de la vida y su cuestión.
Lo único que por mis ideas concibo:
un esquema de comprensión.
¿Volverás o no?
No lo sé, dejémoslo en las manos del destino que sabio dice ser.

62

«Soñar para lograr».

63
Uno..., dos..., tres...

Uno, dos, tres.
Pum, dolor en el pecho.
Uno, dos, tres.
Pum, dolor en el pecho.
Y sí, señores,
así es vivir con ansiedad.
Uno, dos, tres.
Las tres de la mañana.
Uno, dos, tres.
Las 9 de la mañana y ahora me duermo.
Uno, dos, tres.
¿Por qué soy tan mierda de persona?
Uno, dos, tres.
No me merezco nada bueno.
Uno, dos, tres.
Debería cambiar mi cuerpo, qué asco.
Uno, dos, tres…
Uno, dos, tres…
¿Qué me está pasando?

64

«El día que te fuiste, el alma me partiste».

65
Equilibrio

Que alguien me explique qué hacer en este momento de la vida
donde todo queda pausado.
Miras hacia el frente y nada está en movimiento.
Todo ha cambiado.
Cada movimiento que hagas te cuesta dos días de sonreír
y siempre que algo haces, termina siendo negativo.
Si es que ya ni sé escribir.
Con lágrimas en los ojos día sí y día también, tengo que asimilar
que nada me va a salir bien
Me esfuerzo por todo y nada tiene recompensa.
¿Qué haces en ese momento de la vida?
Donde todo pesa y nada recompensa…
Estoy simplemente en una cuerda poniendo a prueba mi
equilibrio
y ahora solo miro hacia abajo deseando que mi pie choque con
el hilo.

66

«El peor vicio no es el alcohol, es el amor».

67
Mente en blanco

Con la mente en blanco paso el día entero.
Sentada frente al ordenador, sin poder escribir ni un verso.
Quisiera volver a lo de antes,
donde cada día escribía cinco libros nuevos.
Hoy mi cabeza solo me pide paz
y sin ella no puede avanzar.
¿Sabéis lo que es estancarse en la vida?
Es como si alguien te para el tiempo del reloj
y tú
solo sabes mirarlo como boba esperando que algún día vuelva a
funcionar…

68

«*Roma me rompió; A-M-O-R*».

69
Golfo

Hace tiempo que no hablaba de ti.
Mas, por lo que podía sentir,
no me lo quería permitir.
Pero te echo tanto de menos.
Cada día me dueles más
y creía que sería al revés,
pero mejor amigo,
Desde aquí abajo te digo
que eres el ángel que jamás olvido.

70

«Crecer con dolor no te hace más fuerte, te hace indestructible».

71
Reflejo

Hoy me reflejo en ti,
que estás leyendo esto
esperando que alguien te entienda.
El dolor pesa.
El dolor angustia.
El dolor mata.
Pero, el día de mañana,
lo mirarás desde otra perspectiva.
Agarra mi mano;
caminaremos juntos.

72

«*Fantasear con cumplir sueños*».

73

Presente, pasado y futuro

Antes reía, y no solo sonreía.
Ahora lloro, y no solo lágrimas,
sino sangre de dolor.
Cuanto más pasan los días,
más rápido me despido.
Antes lo escribía,
ahora solo lo vivo.

74

«El año está a punto de terminar y tú ya no estás».

75

Vino

Cómo ahogo las penas en el alcohol
si el vino que me diste lleva tu esencia
y yo lloro por tu ausencia.
«El amor viene y va»,
me dijeron una vez sin más,
pero yo solo pido que no venga más
para mantenerte en el olvido y no volver a llorar.

76

«Mil páginas por escribir y tú eres lo único en mi mente».

77
Pedazos

Si pasas a mi lado,
ten cuidado con andar descalzo.
Los trozos de mi corazón
se quedaron en los bajos
y no los recogí
porque ya no tengo ánimos.

78

«Ironía es reír cuando por dentro te estás ahogando».

79
Time

Mirando una pared
fijamente, como si el mundo pasara en cámara rápida.
Me quedo pensando en cada momento que pasó
y en que cada día se me hace más difícil.
Le duele más a mi corazón
cada vez que la puñalada entra a fondo.
No se entiende por qué mi mente piensa tanto,
y cuanto más pienso,
más daño me hago.
Vivo hundida en los tiempos
y una vez me dijeron
que el tiempo no se devuelve,
y desde ahí te prometo
que quiero apreciarlo y valorarlo más,
pero me cuesta la vida intentar aprovechar
cuando lo único que quiero
es rendirme, sin más.
La vida pasa rápido,
sin cesar,
y yo solo miro como el tren que tuve que coger
se iba sin mirar hacia atrás.

80

«¿Cómo grito con voz? Hace tiempo, me apagaron».

81
Temía tanto

Y lo peor es cuando tus miedos se convierten en realidad,
cuando todo lo que temías de frente está,
cuando todo lo que te prometían locuras tuyas ser
se hacen verdad
y todo lo que te juraban de lealtad
se queda bajo tierra
sin saber valorar.

82

«Mamá, quiero abrazarte y sentirme segura durante el resto de mi vida».

83
Errores

Estás enfrente de mí
y el viento acaricia mis mejillas junto con tus manos.
Tus ojos me miran intensamente
sin saber qué decir,
aunque prometiéndome jamás volverte a ir.
Pero entonces el mayor error cometí:
contarte mis peores miedos decidí
y con o sin mala intención,
uno de ellos elegiste cumplir.
Te fuiste y me dejaste sola.
En fin.

84

«A mi alrededor, la gente ríe, y yo, con miedo de fallar, solo respiro y me dejo llevar».

85

Tormenta

El día se nubla,
o eso creía.
Me levanté de la cama,
pero no lo suponía.
Uno de los peores días
estaba por venir.
La tormenta en mi vida
se empezó a sentir.

86

≪19:49≫.

Mi casa

Mil veces recordaré la de veces que me he despedido en una hoja
y un pincel.
Me sentía mal y echaba a llorar.
Entre lágrimas frías
un papel más humedecía
y qué triste era la vida
cuando un adiós escribía
esperando que alguien encontrara
ese papel
y me salvara.

88

«*Tanta gente me hace sonreír que a veces creo que no soy feliz por mí*».

89
Volver a ser tú

La depresión es algo que te anula completamente.
Es como si vivir se te olvidase.
Reír ya no sabes.
Conversar…,
qué difícil hacerlo cuando ya no tienes ganas ni de hablar.
Y en ese momento
solo piensas en escapar de la realidad.

90

«Lloramos para desahogarnos y un río llegué a llenar».

91

24 años

Este año cumplí veinticuatro años. Llevo tantas caídas.
Veinticuatro velas soplaré.
Por cada una de ellas
un deseo pediré…
Uno…
Dos…
Tres…
Cuatro…
Pum…, veinticuatro.
«Deseo ser feliz», pedí.
Creo recordar que ese era mi deseo todos los años, pero…
¿veinticinco?
Tú qué dices:
¿Pedimos lo mismo o lo empezamos a hacer realidad?

92

«los años son solo daños».

Agradecimientos

Las personas que más quiero y las que en mí siempre creyeron.
Años después, luchando por un sueño.
Mi familia, los que siempre me dan motivos para seguir.
Mi madre, mi padre, mis hermanas…
Y como ya se sabe, la familia no siempre es de sangre.
Aquellos amigos que desde siempre han estado
en buenas y malas, en igualdad,
porque todos ellos me han apoyado incondicionalmente, sin dudar.

No dudes en perseguir tus sueños.

Todo tiene solución.

Y aunque todo parezca perdido,

lucha hasta el final.

Yo estaré contigo.

Índice